JN410045

달팽이

국립중앙도서관 출판시도서목록(CIP)

달팽이 : 성용환 시집 / 글쓴이: 성용환. -- 서울
: 북랜드, 2018
p.128 ; 13×21cm
ISBN 978-89-7787-844-0 03810 : ₩10000
한국 현대시[韓國現代詩]
811.7-KDC6
895.715-DDC23 CIP2019008327

성용환 시집

달팽이

인쇄 | 2019년 3월 10일
발행 | 2019년 3월 30일

글쓴이 | 성용환
펴낸이 | 장호병
펴낸곳 | 북랜드
06252 서울 강남구 강남대로 320 황화빌딩 1108호
대표전화 (02) 732-4574 | (053) 252-9114
팩시밀리 (02) 734-4574 | (053) 252-9334

등록일 | 1999년 11월 11일
등록번호 | 제13-615호
홈페이지 | www.bookland.co.kr
이-메일 | bookland@hanmail.net

책임편집 | 김인옥
교　열 | 배성숙 전은경

ⓒ 성용환, 2019, Printed in Korea
저자와의 협의하에 인지를 생략합니다.

ISBN 978-89-7787-844-0 03810
ISBN 978-89-7787-845-7 05810(E-book)

값 10,000 원

성용환 시집

달팽이

북랜드

■ 시인의 말

오늘도 낙서 같은 글을 씁니다. 시다운 시, 아름다운 시, 난해하지 않고 남녀노소 누구라도 부담없이 읽고 느낄 수 있는 시를 쓰기 위해 무던히 노력해 왔지만 실로 쉽지 않음을 느낍니다. 나는 시인이기 때문에 시를 써야 한다는 고정관념을 버렸고, 남을 의식한 시를 쓰지 않았습니다. 그냥 나의 주변에 보이고 일어나는 일상적인 일과 느낌을 낙서처럼 원고지에 그렸다고 하는 것이 옳을 것입니다.

시집을 내겠다고 생각하고, 그동안 써놨던 원고를 정리하였습니다. 그런데 서랍 깊숙이 숨겨놓았던 일기장을 세상에 공개하는 기분이고, 내 속마음을 들킨 것 같아 몇 번이나 망설였습니다.

그러다 주변의 권유와 격려에 힘입어 딸 시집 보내는 부모 마음으로 『달팽이』란 시집을 냅니다.

이번 나의 시집에 실린 시는, 시라고 하기보다 우리 서민들의 일상을 관찰 기록한 관찰일기 같은 것으로 생각하고 읽어 주시면 고맙겠습니다. 그리고 이번 시집을 펴내는 데 많은 도움을 준 내 가족과 정건우 선생님에게 깊은 감사를 드립니다.

2019년 3월 1일

대구에서 죽암 성 용 환

차례

2

3

4

1

입춘대길

잔설 뚫고 나온 새싹
불어오는 꽃샘바람에 아기 주먹처럼
앙증맞은 모습
나무는 안타까운가 보다

차디찬 먹구름 해를 가리고
나무는 힘껏 비질해보지만
성긴 가지 비껴가는 바람 소리뿐
아무 소용이 없다
그래도 천방지축 올라와 웅크린
저, 철없는 것들

나무는 성큼
시간 한 폭을 접어 서둘러 꽃피우고
예쁘게 커가는 어린 것 바라보며
그렇게 조금씩 늙어갔다

칼바람 소리 지금도 쟁쟁한데
낡은 대문짝 베고
자는 듯 누워있는 늙은 입춘방
내리는 봄볕이 아기 볼처럼 붉다.

자목련

연못 속 홍련이
연등처럼 고운 자태를 뽐내며
나뭇가지에 걸려있다

우윳빛 목련은
봄나들이 나온 임 향기에 취해
그리 붉게도
물들었나 보다

향기 맡아보는 내 눈썹 아래에
홍조가 어리는 것을 보면
늙은이 가슴에도 아직 겨자씨만 한
춘정은 남아 있었네.

물 주면서

상강霜降도 한참 지난 이른 아침
바짝 마른 호박 구덩이에
물을 주는데
떨어지는 물줄기 끝에서
거품 같은 생각이 일어난다

당장 오늘 밤
서리가 내릴 수도 있는데
주먹만 한 애호박을 두 개나 매달고
축 늘어진 저 모습
안쓰럽구나

떨어지는 한 방울 수액에
목숨을 내맡기고
가쁜 숨을 몰아쉬시던
어미를 보는 것 같아
물 주면서, 몇 방울 눈물도 준다.

올가을

하늘은
밤새 벼린
반월도半月刀보다 푸르고

산山은
빨리 죽어야지 웅얼대는
늙은이 거짓말보다
더 빨갛게 물드는데

나는 아직도
가슴에 드리운 대발
걷어내지 못하고 있네

그대,
눈부심 탓만은
아니리.

워낭, 손에서 운다

살처분하라는 통지가 날아든 오늘도
소의 눈은 수정 같다
되새김질하는 머리 흔들고
무슨 일 있냐며 껌뻑껌뻑 물어오는
저 눈을 어쩌란 말이냐

살아있는 것들
모두 살려보자고
청죽青竹같이 푸른 목숨 미리 거두며
둥둥둥 울리는, 이 염병할
쇠 북소리 뒤쪽에 서서

미안하다
해줄 수 있는 게 하나도 없어
텅 빈 외양간에 내리는 어둠 속
댕그랑 댕그랑
워낭소리만 손에서 운다.

배추밭에서

코스모스보다도 훨씬 더 예쁜
배추 몇 포기 뽑으려고
한참을 뒤적거리다가
그만두었다

작은 것은 불쌍하고
튼실하고 팡팡한 것은 아깝고
이래저래 서성거리다
빈손으로 돌아서려는데

겁도 없는 녀석들
노란 속살 드러낸 채
깔깔거리며
잘 가라 손짓을 한다

머지않아
무서리 하얗게 내릴 텐데.

국화 앞에서

꽃이 피었습니다
그대 떠난 그 자리에
노란 국화 한 송이 피었습니다
달 지고 별 떨어진 그 자리에
노란 국화 한 송이 피었습니다

수수께끼같이 풀기 어렵던
이야기들이 하나둘 모여
노란 국화 한 송이 피웠습니다

꺼억꺼억 물떼새 우는
갈대숲 사이로
어제 같은 강물은 흐르고

물속으로 달은 지고
오늘도 별은 떨어집니다
그 자리에 노란 국화 한 송이
서럽게 또 피었습니다.

홍운탁월烘雲托月

휘영청 밝은 밤하늘을
화폭에 담는다
임 모습 지우려 달은 남겨 두고
구름만 그렸는데
구름은 간곳없고, 젖은 새벽달
혼자 졸고 있구나.

강구항

가끔, 아주 가끔
바다가 그리울 때가 있다
기다리고 있었다는 듯
덥석 반겨줄 것만 같은
그런 바다가 보고 싶을 때가 있다

는개 짙은 칠번 국도
가는 길은 하난데
이정표는 제각각 다르고
얻고 싶은 것, 또한 하나인데
답은 천 가지도 넘으니
가는 길도 얻는 것도
쉬운 거 하나 없구나

때늦은 강구항
무심한 파도는 저 혼자 출렁거리다
노을 따라 멀어지고
덩그러니 남은 석양도 수평선에
고단한 몸을 뉜다
이제 누구에게 길을 물을꼬?

솟대

마을 어귀에 우뚝한
수호신
두 눈 부릅뜨고 서쪽 하늘 향해
비바람 맞고 서 있다

비상하지 못한 꿈
가슴 한가득 부둥켜안고
모진 풍상 견디며, 수많은 날밤
얼마나 울었을까

언젠가는 노래하며
날아오르겠지
기약 없는 그날을 그리며
솟대는
홀로 밤을 지새운다.

모정

이른 아침 산책길
종종걸음으로 바쁘게 걷는 여인
벌겋게 언 손바닥 위에
잘 익은 홍시 하나 올려져 있다

행여 터질세라
신줏단지처럼 모시고
저리도 허겁지겁 어디로 가시는가

먹일 사람이
도대체 누구길래
저렇게 안달이 났나

여인이 지나간 길 뒤쪽에
시큼 달콤한 숨결
자욱하게 따라온다.

사랑

꺾어진 춘란 꽃대를 테이프로
꽁꽁 감아준다
미안함과 안쓰러움에 가슴 먹먹하지만
제가 알아서 바로 서기만
바랄 뿐이다

어제까지도 못 봤던 것이라
쉬이 눈을 떼지 못한다
살아오면서
소중한 사람들에게 내지른
상처를 생각하며 난 잎을 닦는다

고개 숙인
저 가녀린 것
턱없는 사랑도 이렇게 아픈데
꺾인 마디는 오죽할까.

설원에 그린 사랑

설경이 발목을 잡는다
뜬금없이 하트 하나 그려 놓고
눈부심에 눈을 감는다
알 수 없는 내 생의 유효기간,
아무나 할 수 있는 그렇고 그런 사랑이 아닌
독하고 진한 사랑 꼭 한번 하고 싶다

늦가을 구절초 흔들림에도
울컥 울음 토해낼 수 있는 사랑
함박눈 내리는 날이면 약속이나 한 듯
심장이 울리는 사랑
용광로처럼 펄펄 끓지 않아도 좋다
고요히 흐르는 강물의 바닥 같은
그런 사랑 꼭 한번 하고 싶다

그러다 어느 날
전하지 못한 소식 몇 남으면
호주머니에 쏙 들어가는
작은 시집 하나 남기고

아무 미련 없이 훌쩍 떠날 수 있는
나, 그렇게 멋진 사랑
꼭 한번 하고 싶다
이 봄, 목련 가기 전에

천지 차이天地 差異

이만큼 살다 보니
천지 차이, 정말 별것 아니더라
단풍이 나뭇가지에
매달려 있으니 하늘이요
떨어지니 땅이더라

오고 감이 순간이고
만나고 헤어짐도 잠깐인데
그대는 어이하여 이별을 재촉하는가

서두르지 말아라
떨어지는 것이
어디 낙엽뿐이겠는가

너, 나, 우리 모두
나뭇가지 위에
이파리하고 다른 게 뭔가?

녹차

찻잔에 낙숫물 소리 들리고
은은한 녹색 향기
방안 가득히 흐르면
나도 모르게 눈을 감는다

태우고 비벼서 뽑아낸
천 년의 비색
여운이 종소리처럼 울리는
이 맑은 향기

그 향기에 취해
쉬이 마시지 못하고 그저
바라만 보는
찻잔 속의 연초록 물빛
하얀 세모시 물들여도 좋겠네.

태산

돌[石]이라 생각 말고
자책도 마라
비록, 거암巨岩은 아닐지라도
큰 기둥 하나 받쳐줄
주춧돌은 넘었다

무심한 세월
참 많이도 흘렀구나
얼마나 넘어지고 일어나서
또 뛰었으면, 그 날카롭던 서슬
저리 둥글게 되었을까

모종삽 같은 마음 하나로
박토薄土에 뿌리내린
너,
너는 이미 돌이 아닌 산이다
태산泰山이다.

산책길

갈참나무 사이로
첫얼음 같은 새벽하늘이 보인다
매일 걷는 길인데
오늘따라 별시리 낯설다

여름 가고 가을 오고
봄이 오면 도토리 떨어진 가지
또 다른 새순 돋아나겠지

발끝에 멈추는
낙엽,
서걱대는 소리
새벽 공기가 심란하다
저 푸른 낙엽처럼.

천상의 소리

치마 같은 바람통은
펼치면 열두 폭, 접으면 내 품
계단을 내려가듯
건반을 짚으면,
바다의 밑바닥에서 나는 소리가
손끝에 잡힌다

무대에 서 있으면
날개 펼친 학을 보는 듯하고
청아한 소리는
뒤뜰로 흐르는 개울물 소리

어느 이름 없는 장인이
초혼으로 만든 나의 아코디언
명기 중의 명기이며
백 년을 가슴 설레게 하는
내 친구, 영원한 동반자.

2

들깨를 거두며

들깨를 심었습니다
어머니 생명줄 같은 산비탈 자갈밭을
호미로 다듬었습니다
내 유년의 기억을 더듬어 잡초를 뽑고
이랑마다 축축한 어머니의 한숨을 걷어내고
눈물을 심었습니다

오늘은 속 썩였던 아들이
들깨 거두는 날입니다
알갱이와 쭉정이, 미움도 이쁨도
내가 가져가야 할 몫으로 남은 것들
이제 툴툴 털어버립니다

가을걷이 끝난 들녘은 황량한데
가슴을 도리는
어머니의 한숨은 그대로 남았습니다
취나물을 둘둘 말아 꿀꺽 삼키면
내려갈 것 같은
생선가시처럼 남아있습니다

아픈 자식 걱정에
모로 누워 뒤척이던 어머니
그 손등 같은 밭이랑에, 또다시
내년에도 들깨를 심겠습니다.

허수아비

손님 떠난 시골 장터 언저리
밀짚모자가 잘 어울리는 아버지
오지 않는 참새 떼 기다리며
한잔 술에 흔들거린다

굽은 등으로 불어오는 바람
아직도 따뜻한데
허허 칼바람에 아버지가
쓰러질 듯 비틀거린다

검게 탄 얼굴에
흘러내린 눈물
장터를 가르는 바람이 말리고
넘어질 듯 흔들거리는
내 아버지가
오늘도 홀로 서 있다.

상추쌈

매미 소리 시원한 나무 그늘에서
고기를 굽다가
문득 올려다 본 하늘
아득히 다가오는 내 어미의 얼굴

노릇노릇하게 구운 삼겹살
상추쌈 예쁘게 만들어
쏙, 넣어 드리면 합죽한 그 입
울까, 웃으실까?

먼 길 가신 지 벌써 오십 년
오가는 시간에 닳아
이젠 그 눈썹마저 희미한데
옛집 장다리 상추는 어제처럼 파랗다.

섣달 그믐밤

고목古木에 수박등 달고
곳곳에 걸린 불빛이
온 집안을 환하게 밝히면
관솔불에 익숙한 우리는 환호성을 지르며
그믐밤을 맞는다

개다리소반 위에는
안녕을 기원하는 촛불이 타고
따뜻한 아랫목에 막걸리가
뽀골뽀골 익어가는 밤

할머니가 들려주는
야광귀 이야기 속에서 아이들 잠들고
부모님의 봄 양식 걱정 소리
새벽까지도 깜깜했었던
섣달 그믐밤.

비슬산 참꽃

산골짝, 억새마저 말라버린
이름 없는 무덤 앞
꽃샘바람에 떨고 있는 붉디붉은 저 꽃

자욱한 포연 속에서
애타게 엄마를 부르다
끝내 말없이 죽어간 영혼의
한이 서린 꽃

태산보다 높다는 보릿고개 오르며
깔딱깔딱 숨이 넘어갔다는
깔딱고개 전설 속에
빨갛게 멍거리로 피어나던 꽃

배고픈 설움과
동족을 서로 죽이던 아픔을 함께한 꽃
그냥 진달래라 할 수 없어
나는 그대를 참꽃이라 부르리.

봄의 길목에서

산다는 게 어떤 것일까?
높은 산을 오르고
강을 건너고
차가운 겨울비에 젖은 것이
어디 한두 번이었던가

잔설도 때 되니 녹아 흐르고
삭정이 같던 가지마다
하나둘 열꽃 터지기 시작하면
그렇게 기다리던 봄은
뚜벅뚜벅 황소처럼 온다

긴 겨울을 이겨낸
아내의 아픈 허리가 그러하고
눈 속 매화도 숨죽였듯
세상 어디 하나 그냥 가는 게 있더냐

얼음 풀린 개울가
하늘하늘한 버들강아지도
오스스 솜털을 세운다.

고향의 소리

빈대떡 굽는 소리에
단잠을 깨고 보니
장대비가 창문을 두드린다
버릇처럼 나서는 새벽 산책길

박쥐우산 위로
떨어지는 빗소리
문득 떠오르는 내 고향 남촌
오늘처럼 이렇게 비 오는 날이면
고소한 기름 냄새 싸리 울타리를 넘고

툇마루에 앉아 아무 말 없이
탁배기 잔 기울이시던
아버지의 그 모습이
목이 메도록 그리운 아침.

팬티 숨구멍

마누라가 삐쳐서 나가버린
거실 안으로
쌩하니 들어와 앉는 소슬바람 하나

널다 만 빨래통 안에
구겨진 채 남아 있는 꽃무늬 팬티 한 장
생각 없이 툴툴 털어 널어놓으니
손가락만 한 구멍 두 개가
나를 빤히 보고 있다

순간, 명치끝을 쑤시며
치미는 뜨거운 것
끊임없이 울컥울컥 올라온다
살아오면서 이렇게 뚫어진 게 어디
이것 하나뿐이겠는가
숭숭 뚫린 가슴 하나 보듬지 못하고
살아온 내 앞에서
속 모를 팬티가 구멍구멍 웃는다

"배고플 텐데, 이거나 좀 들어 보소"
시장에 다녀왔다는 듯
속없는 아내가 주섬주섬 풀어 놓는
동그란 구멍 숭숭한 새까만 순대
"이 양반이 뭘 잘못 드셨나,
와 비실비실 웃습니꺼?"
그저 웃는 나를 또 그대로 따라 웃는
아담한 저 입술.

해물파전

“임자, 마침 비도 오는데
파전 부쳐서 막걸리 한 사발 어때?”
“좋지요”
속 좋은 안동댁, 영감 말에 토 달 줄 모른다

적당히 달군 서말찌 가마솥 뚜껑
돼지기름 자르르 흐를 때쯤
치자 물 덮어쓴 가랑파 가지런히 깔고
조갯살, 오징어, 청양고추 숭숭 썰어 올리고
계란 한 개 탁 풀어 덮는다

“한잔 하이소”
마누라가 따라 주는 막걸리 한 사발
시원하게 마시는데
꼴머슴 손등처럼 도톰한 파전
홀아비가 과부 거시기 벌리듯 쭉 찢어
아, 하며 서방 입에 밀어 넣는다

“맛있지?”

"그래, 둘이 먹다 둘 다 죽어도 모르겠다"

반질반질한 서방님 입술
바라보는 안동댁 야릇한 미소에
안동 양반 눈길도 심상치가 않다
아무래도 오늘 밤
안동댁 뒷물 소리 한번 요란하겠다.

제삿밥

딸그락딸그락 제기祭器 부딪히는 소리
고소한 참기름 냄새
목향木香의 메케한 연기
이팝 꽃보다 더 하얀 쌀밥
잠결에 들리는, 얄미운 그 두런거림

"임자!"
"제삿밥 먹게 아이들 깨울까?"
"그냥 자도록 놔둬요"
"밤중에 먹는 음식 사약보다 더 나쁘다 하는데"
"그럼 음복합시다"

이럴 수가!
사약이라도 좋으니 제발 먹게 해 달라는
나의 간절한 바람은 수저 소리와 함께
가물가물 멀어져가고
한여름 밤은 그렇게 깊어만 간다

눈부신 햇살 내리는 아침

아무 흔적도 없다
목향의 메케한 향기도 사라지고
그저, 베란다 유리창에 늙은 백발 하나
서성거리고 있을 뿐.

동반자

덜덜대는 전동드릴
젊어 한때는 힘이 넘쳐
십자 홈 뭉개는 일 다반사였는데
닦고 조이고 충전해도
이젠 소용이 없다

강철 뚫던 시퍼런 결기
소리 속에 파묻혀 허물어지고
돌아가던 시간이
눈에 밟히고 가슴을 후빈다

우리 집 살림이라고
무엇이 다르겠는가?
당신과 나, 언젠가는
모두 두고 가야 할 운명인 것을.

그리움의 계절

온 산에 가득 핀
철쭉꽃
충혈된 두 눈에
꽃물 되어 흘러내린다

섬돌 같은 바윗덩어리
짓눌렸던 마음이
서러워 마신 술 한 잔에
용암처럼 터진다

봄에는
그리움도 이토록 아픈가?

철쭉 곱게 핀 사월
두견새 핏빛 울음 사이로
바람 되어 스쳐 가는
다정한 임의 목소리.

이팝나무 아래서

핏빛 철쭉 스러져간 산마루에
이팝 꽃이 탐스럽게 피었다
얘들아, 뜀박질하지 마라
배 꺼지고 신발 떨어진다
말도 안 되는 엄마의 잔소리

찬물 한 바가지 벌컥벌컥 마시며
가슴 밑에서 올라오는
서러움 삭이느라 목젖이 꿈틀거린다

배고프다 매달리는 자식
얼마나 먹이고 싶었으면
이팝 꽃이 쌀밥으로 보였을까?

올해도 어김없이 꽃은 피었는데
그 꽃, 한참이나 바라보며
한평생 자식 위해 살다 가신
내 어머니를 찾는다.

시집보내던 날

그것은 작은 이별이었고
내 사랑이었지만
아픔은 아마도 오래갈 것이다

베란다 화분에
소일거리로 심은 완두콩
하루 다르게 크는 모습 보는 게
인생 말년, 늦둥이 본 것처럼 즐거웠는데

훌쩍 웃자라 건들거리는 녀석
지지대에 꽁꽁 묶어도 보았지만
하늘 찌를 듯 도약하는 저 푸르름

농장 한편에 심어두고
돌아서는 발길
삼복 태양만큼이나 뜨거워진다
짙게 물든 그리움도 아픔이지만
저 넓은 베란다 공간
이제 그 무엇으로 채울꼬.

어머니의 겨울

어머니는 겨울이었습니다
빨갛게 젖은 손, 차디찬 얼음이었고
긴 밤을 지나가던 한숨 소리
샛별에 걸치는 칼바람이었습니다

구멍 난 세월도 추억이라 하시던
어머니의 노래는
분홍댕기 나풀나풀
고향 집 세살문을 두드립니다

무서리 하얗던
어느 초겨울 새벽
먼 길 떠나시던 어머니가
그토록 그리던 그 봄에 서서
소복 같은 겨울을 봅니다.

팔불출

"대구가 동북쪽이네요"
해외에서 일하는 아들의 영상통화,
추석에 찾아뵙지 못해 죄송하다는 인사와 함께
세계지도를 펼쳐 놓고 차례상 차려
고향 쪽으로 절을 했다는데
처자식 떠나 만리타국에서 혼자 명절을 맞는
아들의 마음에 오금이 당긴다
옛것을 쉽게 버리지 못하고
아직도 삼강오륜을 말하는 아버지 눈썹 때문에
괜한 고생이다 싶기도 하지만
세상 불효를 밥 먹듯 하는 요즈음
이만한 사내 어디 있는가?
먹먹한 마음에 큼큼 헛기침이 나고
베란다 창틀에 매달린 보름달은
오늘따라 유난히 크다.

아버지의 노래

홀로 피어도 예쁜 꽃
어울려 피면
더욱 아름다워
어둠 속에서도
고운 빛으로 웃고 있는 꽃

보면 먹고 싶고
먹을수록 허기지던 참꽃
장리쌀 한 말에
헛웃음 치던 내 아버지의
눈을 닮은 꽃

꽁꽁 얼어붙은 땅에서
아무 일 없다는 듯 짙은 향기로
봄을 부르는 너를 보며
내 아버지의
슬픈 아리랑을 듣는다.

아카시아꽃

영산홍이 핏빛으로 분탕질하고
떠난 자리
아카시아꽃, 산천을 덮는데
그 진한 향기, 남정네 가슴 불 지른다
한평생 남자 품도 모르고 죽어간
여인의 애달픈 사랑이
향기가 되었다는 슬픈 꽃
먹거리로 바라보던
허기진 기억의 보릿고개 너머로
이파리에 실어 날려 보냈던
그때 그 시절
아픔도 전설이 되어버린
그 은은한 향기.

팬티 숨구멍 2

숭덩숭덩 구멍 난
배춧잎을 보다가
문뜩 떠오른 아내의 팬티 한 장
그 언젠가는
바라보기만 해도 숨이 탁 막혀오고
오금이 저리던 꽃무늬 팬티

이제는
그 무늬 간 곳 없이
가을 햇볕만 쓸어 담고 있다
저 모르고 나 모르게 가버린 지난날
하나 둘 세는 배추 포기마다
아쉬움만 푸르다

그까짓 팬티야
다시 하나 사면 그만이지만
숭숭 뚫린 저 벌집 같은 가슴은
무엇으로 채워지나

절반은 내가
숭숭숭 헤집고 흩트려 놓았을
꽃무늬의 결
아린 코끝에 그때 그 분 냄새
아직도 생생한데.

호떡 같은 여자

바싹 구운 감자보다
더 뜨거운 여자
사우나실 한복판에서
오일 마사지를 즐기는 여자

알몸으로 잠을 자고
밤거리에서 나비를 찾는다는
그녈 만난 건
크리스마스도 한참 지난
어느 날 밤 포장마차

추위에 떨고 있던 나는
굶주린 하이에나처럼 그녀를
덥석 물었고
혀끝을 파고드는 뜨거운 신음에
온몸 떨며 냉수를 두 컵이나 마셨지

달콤함과 얼얼함이 지나가는
밤하늘에

아프고 시린 별 하나 반짝인다

뜨거운 것 한가득 물고 보니
나는 펄펄 살아있는데
아직 남아 있는 뜨거운 호떡
그 누구를 찾아야겠다.

3

옹달샘

인적 드문
오솔길 한쪽에
아기 밥공기 같은 옹달샘
오늘도 하염없이 누구를 기다린다

낮에는 구름 한 점 떠서
길손에게 공양하고
밤에는 별을 따서
청설모 목을 축인다

자기 가슴에 비치는
지나가던 얼굴들에
끝없이 솟아오르는 그리움
가만가만 들려주는
웃음 뒤에 숨은 눈물이
수정처럼 파랗다.

늦가을

하늘도 이젠
푸르다 못해 시리고
물속에 잠긴 단풍은
그저 말없이 수면을 흔들고 있다

목덜미를 파고드는 바람에
눈물 나는 늦가을
만난 것보다 더 많게 보낸 것들이
조곤조곤 전해오는 소식들

내 지나간 길 뒤편에
하얀 들꽃들이 피어난다
가고 나서야
일어나는 그리움처럼.

선암계곡

처음부터 욕심이었나 보다
우뚝 솟은 도락산 봉우리
병풍처럼 일어선 기암절벽
떨어질 듯 매달린 산벚나무
눈송이처럼 떨어지는 저 여린 꽃, 꽃잎들
이런 절경을 필설筆說로
표현한다는 게

크고 작은 저 바윗돌 사이로
쉼 없이 모였다 부서지는 하얀 물보라
수천 년이 지나도록
큰 것은 작은 것을 보듬어 안고
흘러왔구나

산다는 게 무엇일까?
흐르는 물살에 실없이 던지는 선문답
바윗돌이 웃는다
제 살 깎아내며 수만 년 참고 살아온
나 여기에 있다며.

* 선암계곡 : 충청북도 단양군 단성면에 있음.

까치밥

한쪽 다리 땅에 짚고
헤프게 앞치마 연 사립문
누군가 기다리며
텅 빈, 초가집을 지키고
뒤뜰엔 떨어진 홍시가 붉다

고추잠자리
마을로 내려올 때면
감나무 가지에는
부러질 듯 가을이 매달리고
마당 한쪽에 구절초 혼자 서럽다

홍시 풍년에
까치들은 날아들고
우듬지 까치밥, 겨울을 노래하는데
벌겋게 녹슨 사립문에 요령만
혼자 울고 있구나.

봄바람

향긋한 꽃향기
창밖을 보니
매화 꽃잎이 팝콘처럼 날린다

이산, 저산 벌겋게 물들이고
간밤에는
매화까지 건드렸나

천방지축
휘젓고 다니는 봄
난봉질에
도낏자루 썩는 줄 모른다

꽃도, 청춘도 봄 한 철인데
가을밤 귀뚜라미 소리
혼자 어이 들으려고.

관악산

발가벗은 여인처럼 미끈한
유월 관악산
그 능선을 휘감는 소나기 한줄기
흠뻑 지나가고

뭉게구름 사이로
흉터처럼 빼꼼하게 드러난 하늘

연주암을 돌아 나온 바람이
토해놓은 염불 소리
떠나간 임은 안개 속에 파묻혀
물소리 따라 갈 길을 재촉하는데

기약 없는 소식
관악산은 말이 없고
어스름 사리는 어느덧 산허리에 걸쳤다
내 갈 길은 천 리
발걸음은 만 근.

만추

는개 짙은 새벽
오솔길 따라 걷는데
노랑나비 한 마리
한 번만 나를 봐달라며 자꾸만
머리 위를 따라온다

곱게 물든 단풍
벌써 길 떠날 채비를 하고
멀기만 하던 올가을도
구절초 향기 따라왔다가
덧없이 가는구나

따뜻한 눈길 한번 주지 못하고
앞만 보고 달려온
내 허전한 무릎
미안한 마음에 괜히 컥컥
헛기침만 하는데
잘 익은 은행 한 알 톡, 하고
발 앞에 떨어진다.

참, 부끄럽다

멋지고 이쁘다
떠나는 저 모습이 무섭도록
아름답다

저기 저, 불타는
황혼의 단풍, 눈물겹지 않은가

떨어지는 아픔
뉘라서 없을까 마는
미련 없이 돌아서는 은은한 몸짓

오욕칠정으로
똘똘 뭉쳐진
이 천근 같은 노욕老慾이
참으로 부끄럽다.

가을의 맛

뽀얗게 드러난 속살에
손끝이 떨린다
얼마나 참고 기다려왔던가
넘치는 육즙, 촉촉하게 젖은 살결

목젖은 꿈틀거리고
움켜쥔 양손에 불끈 힘을 주며
덥석 한 입 베어 문다
입안 가득히 풍겨오는 가을 단내

햇살은 하루가 다르게 익어 가고
배 맛에 취한 농부
콧노래 흥겨운데
한결 가벼워진 배나무 가지는
훨훨 하늘로 올라간다.

갓바위 가는 길

칠월 햇살 업고
산길 걷는 늙은이
굵은 땀방울 모시 적삼 적시고
반짝이는 쪽 찐 머리
바람을 가른다

구름 속 갓바위는 희미하고
깎아지른 하늘길
두 발을 붙들어 매는구나

흔들거리는 지팡이
바람을 붙잡고
극락정토 염불 소리, 저기서 아련한데
무심한 흰 구름은 벌써
고개를 넘는다.

가을비

비 내리는 가을 숲길을
걷고 있으니
지키지 못한 약속들이 떨어진다
빨갛고, 노랗고, 파랗게 우수수
바람에 날린다

아끼고 사랑하겠다는 말과
술 담배 끊겠다는 약속과
버리겠다는 아집, 크고 작은 온갖 것이
한꺼번에 떨어진다

지난봄 새끼손가락 걸어
다짐한 굳센 맹세
가을비 한 줄기에 무너져 내리고
몸도 마음도 낙엽처럼
촉촉하게 젖는
두류공원 산책길.

두류공원의 봄

두견이 울어 목련은 피고
꽃향기에 취한 철쭉은 붉다

벚꽃 터널에는
하얀 꽃비 눈처럼 내리고
연초록 수양버들 아래
보석처럼 일렁이는 은물결

아! 이 멋진
한 폭 수채화 속에
내가 함께 있다니
이 어찌 즐겁지 아니한가.

달창저수지

모과나무 언덕 아래
아담한 초가집이 보이고
반라半裸의 사내아이 막걸리 주전자 들고
삼복에 논두렁을 걷고 있다

지금은 물에 잠겨 눈감아야 보이는 그곳
비슬산 아래 꿈에도 잊지 못할
내 고향 태봉, 나의 유년 시절 풍경

수면 아래 숨어버린 깨알 같은 사연들
반세기가 훌쩍 지났지만
풀 한 포기, 나무 한 그루
또렷하게 떠오르는 잊지 못할 그곳

삶의 터전을 송두리째 삼켜버린
*달창저수지, 한때는
공포의 대상이었고, 미움 그 자체였지만
세월에 퇴색되어 이제는 그마저
추억이라 말하겠다

끝없이 밀려오는 무심한 저 물결
오늘도 아무런 말이 없는데
햇살에 빤짝이는 물빛 어찌 저리 고운가.

* 달창저수지 : 대구광역시 달성군 유가면에 소재. 달성군 유가면 가태리와 경남 창녕군 성산면 경계를 따라 흐르는 비슬산에서 흘러내리는 물을 막은 것인데, 광대한 모습이 바다 같은 느낌을 준다. 달성군 창녕군의 첫 글자를 따서 저수지 이름을 달창저수지라 함.

주말농장

일요일은 농장 가는 날
오늘도 밑지는 장사 하러 갑니다
전날 밤은 늘 잠을 설칩니다
매번 가는 길인데도 풍경과 기분이 다릅니다
멀리서 농장이 보이면
첫사랑 만나듯이 가슴부터 설렙니다

거북등처럼 갈라진 땅은 먼지가 폴폴
작물들은 물 달라고 아우성칩니다
나는 정신없이 뛰고
등허리를 타고 흐르는 땀방울은
고랑을 이룹니다
양수기가 돌아가고 물줄기 솟구치면
무지개가 뜹니다

스멀스멀 흘러가는 물줄기
이랑은 기다렸다는 듯
덥석 물을 안고 자지러집니다
그렇게 몇 번을 뒹굴다

둘은 촉촉하게 젖어서 질척거리고
사막 같던 농장에는
질펀한 잔치가 벌어집니다
키다리 옥수수는 도깨비 춤을
나는 덩실덩실 어깨춤을
햇볕도 술에 취하는 오후입니다.

한여름에 피는 꽃

불타는 태양 아래
빨갛게 익어버린 꽃
이별의 아픔인가, 떨어지는 눈물이
진초록 치맛자락을
핏빛으로 물들인다

낙화, 너무 서러워
춘삼월 유혹도 뿌리쳤는데
무슨 미련 그리 많아
삼복더위에 피어났는가
꽃잎 떨어지고
피어나길 석 달 열흘

사랑의 끈이 이렇게 질긴 것인가
그리움에 멍든 가슴
백일홍 꽃물에 물들이고
오늘도 떨어지는 꽃잎 보며
온몸으로 태양을 맞는다.

낙엽

가야산 백운계곡
단풍잎 하나
멈칫멈칫 바람에 쓸린다
뜨겁던 지난여름 얼마나 데었으면
저리 붉게 물들었을까

아무 일 없었다는 듯
조용히 떠나가는 초연한 모습
헤어짐은 추억이고
쌓여가는 그리움이라 말하는 듯하다

그리워하는 것은
마음을 한쪽으로 흔드는 일
회자정리會者定離라 했던가
마음껏 사랑하고 웃으며 가련다
오늘 저, 낙엽처럼.

단풍

금봉산 기슭에
오색 가을, 점점이 내려앉는다

비바람에 부대끼며 지난 세월
아득하기만 한데
가을은 저마다 다른 색으로
아주 조금씩 내린다

지금,
나의 푸르름은
무슨 색으로 물들까

곱게, 아주 곱게
물들고 싶은데
나뒹구는 낙엽이 춥다.

충주호

억새 흐느끼는 호수
잔잔한 바람은
수면에 주름을 새기며
시간을 쪼개고
안부를 묻는 나그네 손짓에는
눈길도 없다

국화 향기 그윽한 술잔 속에
속 타는 가을
석양을 부여안고 붉게 타고
한량들 노랫소리
물결도 뉘엿뉘엿 취하는구나

짝 잃은 청둥오리
물 위를 싸늘하게 날아가고
어스름이 몰려드는
호숫가엔
백발만 넘실거리네.

도동서원

— 은행나무

바람도 쉬어 넘는 다람재
은행나무는
고갯마루에 어깨를 걸친 채
처음 나들이 온
길손의 눈을 키운다

테두리가
하회마을 감아 도는 강물처럼
널널한 나무
가지 위에 와송도 끌어안고
산새 우는 소리마저 넉넉히 거두는
한훤당 인품 같은 너에게
의젓한 호 하나 붙이고 싶다

사백 년 넘게
중정당을 오르내리던
선비들 발길 하나하나 살피며
나무는 무엇을 읽었는가
알 수 없는 물음 휘감고 부는
초겨울 바람이 파랗다.

4

달팽이

설 대목 재래시장
시끄러운 난장판 한쪽에
찬송가가 끌고 가는 인동초 같은 생
하반신을 묻은 타이어 튜브 위로
무심한 바람 스쳐 가고
손수레 좌판 위에 수세미는 손님을 찾는데
휴대폰이 울린다
"여보세요"
알 수 없는 긴장이 그의 턱 밑으로 흐른다
그날 밤,
그 전화 소리가 잠을 뒤집는다
제 몸 하나 건사하지 못하는 그를
그 무엇이 시장 바닥으로 내몰았을까?
밀린 방세 독촉이었을까?
앵벌이 보스의 협박이었을까?
밤새 스마트폰을 기어가던
달팽이 꿈을 꾸며 자고 깨던 밤.

산새가 울면

처음 보는 여자가
술 한잔하자며
농막 간이 테이블에 마주 앉는다
어촌 어디가 고향이라는 그녀
실타래 풀 듯 신세 한탄을 시작한다

한때는 대처에서 잘나가던 미스 킴
이제 시골 선술집마저
외면하는 신세가 되어 날아든, 산골 외딴집
산새가 유일한 말벗이라는 그녀
찍어내는 눈물이
긴 속눈썹에서 파도처럼 출렁이고
무거운 한숨, 짭조름한 바다 냄새가 난다

걸쭉한 사설 한 자락
거침없이 풀어 놓고 실례가 많았다며
휘이휘이 산길을 내려가던 여자
산이 좋아 산을 떠날 수 없다는
까투리 같은 뒷모습이
자꾸만 눈에 밟히는 해 질 녘.

돼지국밥

시골 장터에서 돼지국밥을 먹는다
서민들 먹거리 국밥
버려도 아깝지 않을 돼지머리를
가마솥에 그냥 푹 삶아
밥을 뚝딱 말면 그만인 국밥

늦어도 한참 늦은 점심시간
간판 글씨도 허접한
할매집에서
국밥을 먹으려고 하는데

배가 고플 때는
너무 뜨거워서 못 먹고
먹을만하니 금방 식어버리는
나의 삶 같은 국밥

오늘도 볼일 없이 장에 가서
엊그제 먹었던 국밥을
다시 먹는다.

정동진

바람마저 소식이 궁금한
간이역 아래
청솔의 푸름을 시기하듯 파도는
끝없이 와서 부딪히고

물보라 속에서 번져오는 얼굴들
어제 본 것처럼 생생한데

모래시계는 십이지상을 따라
파도가 오가는 횟수만 세고 있다

괘방산 그림자
스멀스멀 마을로 내려올 때
육자배기 촌로村老들 하나둘 자리를 털고
막차 떠난 역 광장에 오롯한 가로등
저 혼자 졸고 있네.

묵은지

시어머니 서슬 같은 무서리에도
당당하던 그 푸르름
저미고 절여지는 아픔 안고
땅속 옹기 속에 영어의 몸이 된다

세상과 단절된 공간
끓어오르는 분노
인고의 세월은 그렇게 가고
어느 따뜻한 봄날, 동그란 하늘 문 열리고
곰삭은 묵은지로 다시 태어났다

특별한 맛도 아닌
알 수 없는 그 맛,
그 옛날 할머니 손맛 같은 묵은지
오늘같이 비 오는 날
문득 떠오르는 묵은지 같은
친구 얼굴.

유모차

언덕길 오르는 가쁜 숨소리
빈 상자 하나가
굽은 등 대신 흔들거리며
오뉴월 땡볕에 빨갛게 익어가고 있다

짊어진 멍에가 얼마나 무거웠으면
펴지지 않는 허리
화석이 되었나

힘들게 올라간
공터 쓰레기장에서
빈 소주병 하나 들고 좋아라, 웃는
할머니의 하얀 틀니.

분수噴水

꽃샘바람, 공원 한 모롱이 돌아
말라버린 분수
깨우고 지나간 수조 가에
할머니들 모여
수런수런 해바라기를 한다

깊게 팬 주름 사이로
흘러나오는 하루, 수조 가득 고이면
잠자던 분수도 수다를 뿜는다
댕기머리 순이가 올라가고
물레방앗간 삼돌이도 따라 올라간다
자식들이 노래하고 손주들 춤춘다

빈 가슴처럼 허전한 차디찬 수조
흰머리 일렁거리고
고둥 껍데기 같은 육신
하늘 높이 치솟아, 봄볕과 함께 내리면

심심풀이 화투장이 이슬에 젖는다
목련 피려면
아직 한참 멀었는데.

스마트폰

지하철 객실 안
나란히 앉은 사람들
하나같이 스마트폰 뚫어지라 바라보며
열심히 손을 놀린다

아이 어른 없이 저거 하나 없으면
바보가 되는 세상
그 무엇이 이 많은 사람을
저 속으로 내몰고 있나

하루가 다르게 뒤바뀌는
정보화 시대
경로석에 앉기도 어중간한
나 같은 중늙은이는
젊은 사람들 눈치 보며, 호주머니 속에서
만지작대는 실버폰.

화전花煎

반질반질 무쇠 뚜껑
앞마당에 걸어놓고
토닥토닥 둥글납작
노릇노릇 구웠다네

나풀나풀 꽃잎 하나
나비처럼 내려앉아
곱디고운 진달래꽃
화전으로 피어나니

싱글벙글 아빠 얼굴
방긋방긋 우리 아기
하하호호 웃음소리
만석꾼이 따로 없네.

나도 미투

흔들거리는 관광버스
"와! 이 아저씨 다리 돌덩어리다"
겁도 없는 아줌마들
남정네 허벅지를
두부 자루 치대듯 주물럭거린다

내가 그랬다면 영락없는 성폭력이다
요즘 미투로 스마트폰 소리에
깜짝깜짝 놀라고
아랫도리 흔들거리는 남정네들
엄청 많을 것이다

아무래도 이번 참꽃 축제가 그렇고
가을 과일값 폭등이 걱정이다
미투로 세상이 이렇게 시끄러운데
벌 나비들이
그것 하나 모르겠는가?

빨간 마후라

비슬산 기슭에는 F-86 전투기가 있다
솟아올라야 할 전투기가
하늘도 비행장도 아닌 후미진 산기슭에
세월 잊은 채 자리하고 있다

이름하여, *유치곤 장군 호국기념관
우뚝한 흉상의 안광眼光은
뜨겁다 못해 삼복에도 냉기를 느끼게 하고
하늘 같은 그 기백
태산을 무너뜨리고도 남겠다

"빨간 마후라는 하늘의 사나이,
하늘의 사나이는 빨간 마후라"
출격을 앞두고 전의戰意를 다지는
우렁찬 군가 소리에
나는 장군의 흉상 앞에서
다시 한번 고개 숙여 옷깃을 여민다

화려한 것만 꽃이 아니다

구국의 일념으로 애기愛機에 몸을 싣고
적진을 향해 초개같이 목숨을 던져 산화한
그대의 숭고한 충정이 꽃이다
불꽃, 영원히 지지 않는 그 불꽃이다.

* 유치곤 장군은 1927년 대구광역시 달성군에서 태어나 6·25전쟁에서 수많은 전공을 남긴 역대 최고의 조종사로 오늘날까지 그 명성을 이어오고 있으며, 영화 빨간 마후라의 실제 주인공이기도 하다. 호국기념관은 대구광역시 달성군 유가면 양리 288-2에 있으며, 전시관 앞쪽에는 F-86 전투기와 T-37 훈련기가 전시되어 있고, 2층 전시관에는 유치곤 장군의 유품과 한국 공군의 발달사 등 많은 안보 관련 자료가 전시되어 있다.

간병사

부모도 남편도 아닌
남의 죽음 옆에서
소리 내어 울지도 못하고
그저 눈물만 짓는 초로의 여인

휠체어 밀고 소독약 냄새 삼키며
지내온 십 년 세월
대소변 거두고 보듬어 주던
육신 수발에
정이 들었나 보다

야윈 손 부여잡고
마지막 가는 길,
애써 눈물로 떠나보내는
간병사, 그대를
무어라 다시 부르리.

영산홍

굽은 산 등을 따라
불처럼 타오르는 저 꽃송이들
비에 젖어 떨어진
여린 꽃잎 하나하나

세월은 벌써
너 잊은 지 오래인데
아직도 그 미련 버리지 못해
뚝 뚝 떨어지는 핏빛으로 피어났는가

펄펄 끓는 용광로같이
커다란 불덩이 하나 품고서
작은 눈길 하나에
말없이 그냥 웃기만 하던
내 친구를 빼닮은 꽃

궁금했던 사연 담아
훈풍에 띄웠더니
손끝에 전해지는 짜릿한 전율
연분홍 스마트폰에
토닥토닥 봄 익는 소리 들린다.

황혼의 문양역

역 광장에 아침 햇살 내리고
포장마차 아줌마 고개를 내밀 때쯤
플랫폼은 승객들로 붐빈다
백발 토큰 삼아 무임승차한 지하철
잠깐 졸았는데 벌써 종점이다

기다리는 사람 하나 없는
감감한 대합실
옹기종기 앉아 있는 모습들이
전깃줄 참새만큼 춥다
옹알이 같은 노래 진눈깨비 속에 흩어지고
앵무새처럼 반복되는
자식 자랑은 끝날 줄 모른다

마천산 그림자 짙어지면
진종일 술자리 기웃거리던
허풍쟁이 박 노인, 인사치레 술 사양하며
바쁜 척 거드름을 피운다

"나 요즘 술 못 먹어"
"집에 가서 보약 먹어야 해".

* 문양역은 대구광역시 지하철 2호선 서쪽 종점이며, 노인들이 많이 모이는 곳으로, 서울의 탑골공원 정도로 생각하면 되겠다.

호스피스 병실에서

끊어질 듯 이어지는 숨소리
한 가닥 비닐 호스에 생을 매단 채
조금씩 육신을 비우며
길 떠날 채비를 한다

가족도 친구도
이미 잊은 지 오래
늘어진 백발, 희멀건 동공 속에
죽음의 그림자는 어른거리고

반쯤 닫힌 커튼 사이로
생生과 사死의 갈림길에서
서성거리는 호스피스 환우의
희미한 하루가
초침 소리와 함께 저문다.

어느 자작나무의 독백

자작나무 가장 긴 가지가
골짜기 아래로 뻗어있다
그 아래로 누가 무시로 지나가는가?
겨울 산바람은 세찬데
앙상한 가지 언덕을 흔들고 있다

나무라고 아픔이 없고
그리움 하나쯤 없겠는가
그 고민, 우리가 애써 외면했을 뿐
나무는 그 누구도 탓하지 않고
묵묵히 제자리에 있다

바람이 분다
쓰러질 듯 비틀거리는 자작나무의 절규가
나그네의 발목을 잡는다
"나 여기에 있다"
죽은 듯 아직 살아있다고.

네놈이 죽 맛을 알아?

먹으려고 사느냐, 살려고 먹느냐
말 같지 않은 물음에
선뜻 답 나오지 않는다
금식 팻말 걸고 링거 호스에 의지한 채
물 한 모금 못 마시는 병상

TV 화면에는
노릇노릇 삼겹살 익어가고
빨간 양념 주꾸미, 석쇠 위에서 춤춘다

삼 일 굶고 죽 한 그릇 안으니
눈도 웃고, 입도 웃고
밥통까지 따라 웃는다

누가 살기 위해 먹는다고 했는가
문득, 어느 방송에서 본
광고가 생각난다
"네놈이 죽 맛을 알아?"

팔공산 미나리

산 좋고 물 좋아 그런가
미끈한 아랫도리는 여인의
속살 같고
탕탱하고 푸른 줄기는
춘향이 절개 같구나

향긋한 봄 내음
방안 가득히 자욱하고
농익은 동동주
코끝을 어지럽히는데

생생한 미나리 쌈
미어지게 한 입 넣고
임이 주는 술 한 잔 받으니
즐겁고 흐뭇하기가
그 옛날 첫날밤 같구나.

고향 설雪

새벽 인사 여쭈러 가는 새색시처럼
소리 없이 첫눈이 내린다
옥양목 버선코보다 더 하얀 마당에 누워
눈과 함께 내리는
내 어미를 보듬고 싶다

아침 햇살에 반짝이는 고드름 안에
젖비린내 배인 무명저고리
꼬질꼬질한 옷섶이 잠겨 있고
산비탈을 박차고 뛰는 고라니 숨소리
어디서 들리는 듯하다

화롯불엔
노릇노릇 익어가는 고구마
뒤뜰 대나무 숲으로 날아드는 비둘기
날갯짓 소리 요란한 사랑방에서
고구마 껍질을 벗겨 주시던
쇠비름보다 더 붉게 젖은
내 어미의 손.

낙엽이 가는 길

플라타너스 이파리가
휘젓고 돌아간
아스팔트 길모퉁이마다
바람이 빼곡하다

앞서거니 뒤서거니
바람은, 낙엽의 꼭지를 붙잡고
어디까지 가는 것일까?

꼭 짜면
짠물 몇 방울 떨어질
늙고 병든 이 육신
오늘은, 바람의 뒤나 한번 밟아 볼까?

무서리 뽀얗게 내린 삼거리
낙엽들은 우우 몰려가는데,
힐끗 쳐다보며
산나물 다듬고 있는 할머니
쪽 찐 머리가
유난히 작아 보이는 아침.

| 해설 |

이름 있는 것에게 묻는 안부

정 건 우

| 시인, 한국문인협회 시분과 회원 |

성용환 시인이 첫 시집 『달팽이』를 발간하였다. 십수 년 동안 써왔던 원고를 모으고 다듬어 때마침 칠순에 맞춰 책으로 펴냈다. 의도한 것은 아니라지만 그 뜻이 자못 깊다고 생각한다. 다사다난했던 육십 대가 끝나기 전에 소망하던 대역사를 기필코 완성하고, 새롭게 출발하는 칠십대를 활짝 여는 동기유발의 계기로 삼고자 했을 것으로 여겨진다.

한때 그와 같이 문학 활동을 해서, 누구보다도 열정적이고 성실했던 시인의 성정을 익히 아는 필자도 매우 기쁘고, 축하해마지않을 경사다. 고향에 쏟는 애정이 남다르고, 팍팍한 삶을 사는 이웃을 뜨거운 눈길로 바라보던 시인. 그 생활의 장면장면마다 따스하고 흐뭇한 이름을 붙여주고, 다시 그 이름을 부르면서 시인은 살아왔다. 인고의 세월을 가다듬으며 몸부림쳤던 불면의 밤이 낳았을 이번 시집의 옥고들. 시집 『달팽이』의 출간은, 그 자신은 물론 주위 모든 지인과 더불어 격려와 찬사를 받을만한 일이다.

대구광역시 달성군 유가면에서 오 남매 중 셋째로 시인은 태어났다. 매우 어려운 가정 형편 때문에 고입 검정과 대입 검정으로 공부하였다. 독학으로 공부하면서도, 예술에 대한 사랑과 관심이 남달라 틈틈이 시를 습작하고, 아코디언을 연주하는 활동을 꾸준히 하였다. 비교적 늦게 문단에 등단한 시인은 한국문인협회, 대구문인협회, 좋은문학, 누리문학 영남지부장을 거치며 적극적으로 문학 활동을 하였다. 이번에 상재한 시편들이 주로 그때 쓰인 것으로 보인다. 슬하에 1남을 두었고, 현재 의젓해져 가는 손자 손녀의 모습에 든든한 행복을 맛보고 있는 시인은, 늦은 나이에 대구공업대학에서 사회복지학을 전공하며 사회봉사 쪽으로 마음과 실천의 지평을 넓혔다. 현재 시인은 효성 간병인협회 회장을 맡아 애쓰고 있으며, 넉넉하고 사려 깊고 매력 있는 인품이 돋보이는 사람이다.

성용환 시인의 시풍을 한마디로 말하면 담백함과 담담함이라 하겠다. 그의 시선이 주로 머무는 곳은 슬픔 쪽이다. 지렁이가 기어간 진흙 위의 선을 가만히 보면 살아있는 것들의, 혹은 살아간 것들의 흔적이 남긴 허무성이 여실히 드러난다. 그 선의 흔적은 햇빛 속에서 가느다란 어둠의 선을 잇대며 축축한 슬픔 쪽으로 향하고 있다. 성용환 시인의 시선이 머무는 곳도 바로 그런 곳이다. 연민 같은 측은지심이 이끄는 방향일 것이다. 그 방향은 순간으로도 머물지 않는 생명의 시간이 나타낸 그래프다. 흐르고 변하는 것들, 붙잡을 수 없는 것들, 시간의 흔적과 다르지 않을 것이다. 그런 흔적들이 때로 아프고 아스라하게 다가온다. 마치 이름 있는 모든 것에게 안부를 묻는 것 같고, 길손에게 물 한잔 건네주는 것 같은 잔잔한 시풍이 눈길을 끈다.

이번 시집 『달팽이』에 실린 시 거의 모두가 우리들 생활 일상의 진실에 깊이 뿌리를 둔 작품으로 구성되어 있다. 따라서 작금 우리 시의 일반적 병폐의 하나로 지목되는 허황한 관념, 환상, 작위, 치졸에 기울지 않음이 무엇보다 성공적 결실이라 할만하다. 그리고 그 일상적 진실에 뿌리를 둔 시편들이 모두 우리들 서정시의 체질 중 상질의 정감 주체인 사랑과 낭만의 에스프리에 발단한 점도 좋다 하겠다. 이른바 '큰 것들'의 세계를 노래하는 것이 아니라 존재하는 모든 것들의 가슴 벅찬 발견으로 나아가 '작은 것들'의 세계를 생생하게 보여준다. 가족과 자연, 가난하고 소외된 사람들, 물질문명이 만들어낸 속도에서 뒤처져 외진 풍경으로 남아있는 것들에게 따스하게 물어보는 인사 같은 시편들이 이번 시집에 가득하다. 『달팽이』에 등장하는 인물들은 가족, 또는 우리가 흔히 주위에서 만나게 되는 이웃이다. 그것들은 시인의 체험적 직접성이 닿아있기에 생생하게 육박하는 인물의 형상과 살아있는 양감量感으로 우리 앞에 펼쳐진다.

살처분하라는 통지가 날아든 오늘도
소의 눈은 수정 같다
되새김질하는 머리 흔들고
무슨 일 있냐며 껌뻑껌뻑 물어오는
저 눈을 어쩌란 말이냐

살아있는 것들
모두 살려보자고
청죽靑竹같이 푸른 목숨 미리 거두며
둥둥둥 울리는, 이 염병할
쇠 북소리 뒤쪽에 서서

미안하다
해줄 수 있는 게 하나도 없어
텅 빈 외양간에 내리는 어둠 속
댕그랑 댕그랑
워낭소리만 손에서 운다.

— 「워낭, 손에서 운다」 전문

구제역 대란으로 방역 당국이 통보한 살처분 행정명령을 받고 망연자실한 축산인의 애끓는 심정을 노래한 작품이다. 한마디로 시인이 생명을 대하는, 생명존중 사상을 그대로 보여준 작품이라 하겠다. 이름 가지고 사는 세상의 온갖 것들, 조금 거창하게 말한다면 객체客體에 대한 인식론을 피력한 부분이라 할만하다. 주어진 대상 또는 인식 주체와의 관계에서 본 실재實在들이 이렇듯 철저한 경험 바탕을 토대로 한 생명 존중 사상에서 발현되고 있음을 발견할 수 있다. 십수 년 동안 동고동락해온 소는 어찌 보면 한갓 짐승이 아니라 우리의 민중 형상이라 할 만큼 친근한 동물이다. 몹쓸 병에 걸려서 죽게 된 소 때문에 펄펄하게 살아 있는 수정 같은 목숨을 미리 거두어, 건너편에 산재한 생명이라도 거두자는 이 생과 사의 역설 앞에서 달리 무슨 말이 필요하겠는가? 해줄 수 있는 게 아무것도 없이 그저 빈 외양간에서 울리는 워낭 소리에 목을 놓는 농부의 절제된 슬픔이 오히려 아픔을 배가시키고 있다.

> 들깨를 심었습니다
> 어머니 생명줄 같은 산비탈 자갈밭을
> 호미로 다듬었습니다
> 내 유년의 기억을 더듬어 잡초를 뽑고

이랑마다 축축한 어머니의 한숨을 걷어내고
눈물을 심었습니다

오늘은 속 썩였던 아들이
들깨 거두는 날입니다
알갱이와 쭉정이, 미움도 이쁨도
내가 가져가야 할 몫으로 남은 것들
이제 툴툴 털어버립니다

가을걷이 끝난 들녘은 황량한데
가슴을 도리는
어머니의 한숨은 그대로 남았습니다
취나물을 둘둘 말아 꿀꺽 삼키면
내려갈 것 같은
생선 가시처럼 남아있습니다

아픈 자식 걱정에
모로 누워 뒤척이던 어머니
그 손등 같은 밭이랑에, 또다시
내년에도 들깨를 심겠습니다.

—「들깨를 거두며」 전문

가난하고 소외된 사람들, 물질문명이 만들어낸 속도에서 뒤처져 외진 풍경으로 남아있는 것들에게 관심이 많은 시인의 가슴은 가족이라고 예외는 아니다. 가난하여 배고팠던 시절, 산비탈 자갈밭은 온 식구의 목숨을 담보했던 어머니의 심장 같은 존재였다. 어머니가 거기서 키운 푸성귀가 시적 화자를 먹여 살렸을 터이다. 가난하고 척박했던 생활이었으니 가족 간의 불화는 어찌 보면 당연한 일이었을 것이다. 그리고 많은 시간이 지나도 그 앙금은 쉬이 치료되지 못할 상처로 남아 가족 구성원을 서로 괴롭히는 모습은, 지금도 주위에서 흔히 볼 수 있는 장면이다. 시적 화자는 아마도 어머니를 유달리 힘들게 했었던 아들로 여겨진다. 그렇게 힘들고 안타깝던 시간은 지나고, 이제 어머니가 남긴 한숨 가득한 자갈밭을 지키고 가꾸는 화자. 가족 구성원 사이에서 오갔을 원망과 미움, 기쁨과 슬픔을 삭이고 비로소 초연하게 될 때까지의 과정이 애상적인 어조로 담담하게 읽힌다.

> 취나물을 둘둘 말아 꿀꺽 삼키면
> 내려갈 것 같은
> 생선가시처럼 남아있습니다

모로 누워 뒤척이던 어머니
그 손등 같은 밭이랑에, 또다시
내년에도 들깨를 심겠습니다.

또한, 위와 같은 상황묘사와 심리묘사도 탁월하여 독자에게 합당한 공감을 주고 미적 형상도 확보하여, 예술성을 획득했다 하겠다.

상강霜降도 한참 지난 이른 아침
바짝 마른 호박 구덩이에
물을 주는데
떨어지는 물줄기 끝에서
거품 같은 생각이 일어난다

당장 오늘 밤
서리가 내릴 수도 있는데
주먹만 한 애호박을 두 개나 매달고
축 늘어진 저 모습
안쓰럽구나

떨어지는 한 방울 수액에
목숨을 내맡기고
가쁜 숨을 몰아쉬시던

어미를 보는 것 같아
물 주면서, 몇 방울 눈물도 준다.

—「물 주면서」 전문

살아 있는 것에게 시인이 보내는 무한한 애정의 또 다른 표현을 보자. 이 작품 또한 슬픔 쪽에서 발견되는 생의 비밀을 포착하여 어루만져 위무하는 장면을 보여준다. 바짝 마른 호박 구덩이에 물을 주다가 화자는 어머니를 떠올린다. 주먹만 한 애호박을 두 개나 매달고 축 늘어진 호박 줄기에서, 링거 수액을 맞고 누우셨던 어머니를 빗댄 것이다. 어머니를 뇌리에서 끄집어낸 것은 떨어지는 물줄기다. 메마른 구덩이에 떨어지는 물소리는 바로 생명의 소리일 터이다. 물거품에서 오만가지 생각이 일어난다는 빛나는 표현이 어머니의 죽음을 둘러싼, 말할 수 없는 아픔을 대변하여 더 깊고 애잔하게 만들고 있다. 분명히 슬픈 기억을 화자는 말하고 있지만, 그 슬픔이 과다하게 느껴지지 않는 이유는 담담한 어조 때문이다. 담담함은 감정의 과잉을 낳지 않고 절제된 정서를 대동한다. 감정을 적절하게 조율하면서 정서 과잉이 되지 않도록 배려하고 절제한 습작 노고가 돋보인다. 몇 방울 눈물도 준다는 대목이 독자의 이목을 충분히 축축하게 잡아끈다.

> 코스모스보다도 훨씬 더 예쁜
> 배추 몇 포기 뽑으려고
> 한참을 뒤적거리다가
> 그만두었다
>
> 작은 것은 불쌍하고
> 튼실하고 팡팡한 것은 아깝고
> 이래저래 서성거리다
> 빈손으로 돌아서려는데
>
> 겁도 없는 녀석들
> 노란 속살 드러낸 체
> 깔깔거리며
> 잘 가라 손짓을 한다
>
> 머지않아
> 무서리 하얗게 내릴 텐데.

—「배추밭에서」 전문

연민 같은, 측은지심이 이끄는 방향에 머물던

시인의 시선에 포착된 장면이다. 작은 배추야 어찌 보면 불쌍하게 여겨져서 쉬이 뽑을 수 없다는 심정을 이해한다지만, 튼실하고, 팡팡하게 여문 배추는 당연히 수확해야 마땅한 것 아니겠는가? 배추를 재배하는 이유가 수확하기 위함이 아니던가? 그런데 화자는 그런 튼실함조차 아깝다고 한다. 아까워서 뽑을 수 없다는 것이다. 이것은 무슨 심사인가?

물 주고, 잡초를 뽑고, 벌레를 잡으며 직접 자신의 손으로 키운 과정을 통해 한껏 깊어졌을 목숨. 그 생명을 거둘 수 없다는 심리의 발동일 것이다. 살 부대끼며 끈끈하게 살아온 시간 끝에서 헤어져야 하는 모든 대상은, 그 존재만으로도 서로에게 위안이고 든든한 가치다. 생각해보면 이런 장면은, 생명존중 사상의 발현이라는 진부하고 해석적인 이해를 넘어서는 생명에 대한 무한 애정이자 무조건이라고 말하는 편이 더 옳은지 모르겠다. 이런 마음의 세밀하고 여린 결이 빚어내는 작품이 이번 시집 곳곳에서 빛을 발한다.

발가벗은 여인처럼 미끈한

유월 관악산
그 능선을 휘감는 소나기 한줄기
흠뻑 지나가고

뭉게구름 사이로
흉터처럼 빼꼼하게 드러난 하늘

연주암을 돌아 나온 바람이
토해놓은 염불 소리
떠나간 임은 안개 속에 파묻혀
물소리 따라 갈 길을 재촉하는데

기약 없는 소식
관악산은 말이 없고
어스름 사리는 어느덧 한 허리에 걸쳤다
내 갈 길은 천 리
발걸음은 만 근.

—「관악산」 전문

시인의 시풍에서, 우리들 서정시의 체질 중 상질의 정감 주체인 사랑과 낭만의 에스프리에 발단하여 빚은 작품이다. 떠나간 임은 누구일까? 옛사랑일 수도 있고 세상 떠나신 부모님일 수도 있는, 독자의 시각에 따라 각기 다른 모습으로 변주되는 대상일 터이다. 갈 길은 천 리고 발걸음은 만 근이라는 대목에서, 화자와 임의 관계가 엄정하고 무겁고 진했음을 암시한다. 그 인연을 떠올리려 찾은 관악산 연주암이 주는 분위기도 엄숙하고 진중한 느낌을 주기에 손색이 없다. 그런데 비교적 무거운 주제를 끌고 가려 채용한 시어는 '벌거벗은 여인'과 '능선을 휘감는 소나기'와 '흉터처럼 빼꼼하게 드러난 하늘' 등 다소 관능적이고 낭만적인 것들이다. 존재하는 모든 것들의 가슴 벅찬 발견으로 나아가면서 획득한 '작은 것들'이 주는 생생하고 실감 있는 힘이다. 바람이 토한 염불 소리는 안개 속에 파묻히고, 그 둘을 데리고 사라지는 임을 아스라하게 비춰주는 노을 속에 화자만 남게 하는 시작법. 시인의 치열한 시 정신이 결코 만만치 않은 내공으로 빛을 발하고 있다고 내보이는 장면이다.

설 대목 재래시장
시끄러운 난장판 한쪽에
찬송가가 끌고 가는 인동초 같은 생
하반신을 묻은 타이어 튜브 위로

무심한 바람 스쳐 가고
손수레 좌판 위에 수세미는 손님을 찾는데
휴대폰이 울린다
"여보세요"
알 수 없는 긴장이 그의 턱 밑으로 흐른다
그날 밤,
그 전화 소리가 잠을 뒤집는다
제 몸 하나 건사하지 못하는 그를
그 무엇이 시장 바닥으로 내몰았을까?
밀린 방세 독촉이었을까?
앵벌이 보스의 협박이었을까?
밤새 스마트폰을 기어가던
달팽이 꿈을 꾸며 자고 깨던 밤.

—「달팽이」 전문

이번 시집에는, 우리들 생활 일상의 진실에 깊이 뿌리를 두어, 작금 우리 시의 일반적 병폐의 하나로 지목되는 허황한 관념, 환상, 작위, 치졸에 기울지 않은 작품이 곳곳에서 보인다. 한때 잘나갔던 도시 여인의 비애를 그린 「산새가 울면」, 바삐 돌아가는 세태에 제대로 적응하지 못하고 점점 한쪽으로 비껴가는 듯한, 자신의 무능력함을 노래한 「돼지국밥」, 변변찮은 물질에도 타박 없이 덤덤하게 살아온 아내에게 보내는 무한 신뢰와 사랑과 미안함을 노래한 「팬티 숨구멍」, 폐지 줍는 할머니의 처절하고 애끓는 일상을 노래한 「유모차」, 죽음을 일상으로 받아들이며 사는 간병사의 고뇌를 노래한 「간병사」 등에 등장하는 인물 군상은, 어찌 보면 지극히 소박하여 관심 바깥편에 남아있는 사람들이다. 시인은 한결같이 따스하고 촉촉한 입김을 이들에게 불어 넣으며 관심을 표한다. 시 「달팽이」 또한 마찬가지다. 재래시장통에서 흔히 볼 수 있는 장애인에게 시인의 시선이 아니 꽂힐 수 없다. 불편한 몸을 온몸으로 끌고 가는 달팽이처럼 물컹한 장애인의 삶을 어루만지다가, 전화 한 통에 아연 긴장하는 그의 표정에서 덜컥 무너지는 화자의 마음은 안타깝다 못해 처연하다. 대상과 내가 일체로 몰입되는, 이른바 물아일체의 고민과 근심으로 밤을 지새우는 시인의 여린 마음이 축축하게 엿보이는 장면이다. '밤새 스마트폰을 기어가는 달팽이 꿈'이라는 표현미도 싱싱하고 실감 나는 비유다.

하늘은

밤새 벼린
반월도半月刀보다 푸르고

산山은
빨리 죽어야지 웅얼대는
늙은이 거짓말보다
더 빨갛게 물드는데

나는 아직도
가슴에 드리운 대발
걷어내지 못하고 있네

그대,
눈부심 탓만은
아니리.

—「올가을」 전문

존재하는 모든 것에서 발견되는 비밀이나 그 이면의 새로움은 때로 우리 가슴을 벅차게 만든다. 이상李箱 시인은 그의 소설 「실화失花」에서 "사람이 비밀이 없다는 것은 재산 없는 것처럼 가난하고 허전한 일이다"라고 하였다. 대상에게서 발견되는 새로움이란 것은 대개 발견되기 전에는 비밀이었을 것이다. 그 낯설었던 생의 비밀이 공감 가는 감성으로 발전한다면 우리 정서는 그만큼 풍요로워질 것이다. 이상 시인도 그와 비슷한 말을 하고 싶었던 것은 혹시 아닐까?

이번 시집 면면에도 그와 같은 존재감이 가진 가치를 발견하고, 합당한 의미 부여로 풍요로움을 즐기게 만드는 시편이 여럿 있다. 지나간 길 뒤편에서 피던 들꽃을 통해 자각되던 상념을 노래한 「늦가을」, 떨어지는 낙엽 속에서 지키지 못한 약속을 발견한 「가을비」, 향기가 뿜어내는 여운이 종소리 같다는 「녹차」, 날카롭던 돌의 서슬이 닳아 둥글게 된 모습에서 자신을 발견한 「태산」, 골짜기로 뻗어 있는 가지를 통해 나무의 관심과 존재 가치를 표현한 「어느 자작나무의 독백」 등이 그것이다. 시 올가을 또한 발견의 미학이 주는 재미와 실감이 쏠쏠한 작품이다. 시퍼렇게 벼린 칼보다 더 푸른 하늘빛은 생각만으로도 섬뜩해 면도날로 싸악 그은 듯한 통증마저 느끼게 한다. 그리고 입만 열면 빨리 죽어야 한다고 말하는 노인의 거짓말만큼 새빨간 것이 또 어디 있겠는가? 그런 개념이나 추상 같은 것을 반월도와

물드는 산에 빗대어 발견한 형상이 빛나는 표현미와 어우러져 실감을 더 하고 있다.

성용환 시인은 감성이 소년처럼 풍부한 천생의 시인이다. 그리고 그 시심을 일깨우는 정서의 바탕은 연민과 측은지심이다. 시인이 지녀야 할 덕목 중에 가장 기본적이고 중요한 바탕이라고 누누이 들어왔던 요소다. 그렇기 때문에 이름 가지고 사는 세상 온갖 것들에 보내는 시인의 애정이 남다를 수밖에 없다.

이번 시집 『달팽이』의 여러 시편을 볼 때, 주어진 대상 또는 인식 주체와의 관계에서 본 실재들이 이렇듯 철저한 경험 바탕을 토대로 한 생명 존중 사상에서 발현되고 있음을 발견할 수 있다. 항구, 허수아비, 봄바람, 솟대, 계곡, 고향의 소리, 단풍, 옹달샘, 꽃 등으로 대비되는 객체들이 서로 섞이고 어우른다. 이 객체의 존재들, 즉 타他의 생生들이 서로 어우러져 몸을 섞으며 상대를 드러나게 한다는 인식이 이번 시집의 주요 정서를 이룬다고 하겠다. 스스로 빛나는 색을 가진 존재들. 색즉시공, 공즉시색에서 색은 존재를 의미한다.

존재는 유有한 것이며, 유한 것은 곧 생을 가진다. 섞이고 어우러지면 소리가 난다. 색이 유한 것이고 생을 가진다면, 소리 역시 마찬가지다.

성경에서는 태초에 소리(말씀)가 있었다고 한다. 마고 신화를 보면 태초에 소리(율려)에서 세상이 비롯되었다 한다. 그렇게 거창한 것까지 갖다 붙이지 않아도, 소리는 살아있는 것의 전유라는 것을 상기해도 그렇다. 죽은 것들은 소리를 내지 않는다. 이러한 인식이 칠십 평생을 관통하면서 시인의 신념으로 자리하기까지, 시인의 내면은 얼마나 뜨거웠겠으며 치열했겠는가?

발끝에 멈추는
낙엽,
서걱대는 소리
새벽 공기가 심란하다
저 푸른 낙엽처럼.

—「산책길」 중에서

산책길에서 일찍 떨어진 푸른 이파리를 보고, 문득 지난날의 아쉬움과 두려움이 떠올라 새벽 공기처럼 심란해지는 시인의 여린 마음. 시집 『달팽이』 전반에서 그대로 보이는 듯하다. 이렇듯 마주하는 모든 대상에게 애틋한 시선과 관심을 보내는 시인, 훈훈한 가슴으로 조건 없는 사랑을 펼치는 성용환 시인은 휴머니스트이며 로맨티스트다. 대상의 고민을 내 고민으로 송두리째 받아들이고, 현란한 기교 없이 바르고 정직하고 서툴지 않게 그만의 방식으로 삶의 단면을 노래하는 시인. 황소걸음 같은 그 우직함이 우리에게 든든한 믿음을 안겨준다. ❖